# Desserts
# roh & vegan

Anja Stadelmann

# Desserts roh & vegan

FONA

## *Herzlichen Dank …*

… allen, die mich mit ihrem kritischen wie positiven Feedback unterstützt und motiviert haben.

… meinen Eltern, Claudia Holzer und Thomas Schaer.

… dem Fona Verlag für das entgegengebrachte Vertrauen.

… Jan Davatz, der sich durch fast alle Desserts «gegessen» hat und der mir immer zur Seite steht; ich kann mir keinen besseren Freund vorstellen.


www.fona.ch

*Lektorat*
Léonie Schmid

*Bilder*
Andreas Thumm, Freiburg i. Br.

*Gestaltung*
FonaGrafik, Lea Spörri

*Druck*
Druckerei Uhl, Radolfzell

ISBN 978-3-03780-562-6

# Inhalt

## Abkürzungen

| | |
|---|---|
| EL | gestrichener Esslöffel |
| TL | gestrichener Teelöffel |
| dl | Deziliter |
| ml | Milliliter |
| l | Liter |
| g | Gramm |
| kg | Kilogramm |
| Msp | Messerspitze |

# Vorwort

Süßes geht bei mir immer. Als ich vor zwei Jahren anfing, mich vegan zu ernähren, wurde es mit gekauften Desserts schwierig: So versuchte ich, sie selber zu machen. Das ging auch solange gut, bis ich mich für eine gesunde Ernährung zu interessieren begann. Als ich mich vertiefter mit dem Thema befasste, stieß ich in einem Antiquariat auf das Buch «Der Kochtopf birgt den Tod». Durch diese überspitzte Formulierung wurde ich zum ersten Mal auf die Rohkost aufmerksam. Erschienen war das Buch im Jahr 1924 in Amerika, wo die Rohkost heute mehr denn je im Trend ist, ähnlich wie hierzulande der Veganismus. In Europa hingegen ist die Rohkostküche noch relativ jung. Dieser Umstand hat mir bei der Herstellung der Desserts viel experimentelle Freiheit gelassen, welche einerseits zu teils fast ungenießbaren Kreationen wie zum Beispiel einer Carobtorte aus gekeimten Kichererbsen geführt hat. Andererseits aber konnten nur so köstliche Desserts wie der Lebkuchen aus grünen Erbsen entstehen.

Nun möchte ich alle dazu animieren, in die süße rohköstliche Welt einzutauchen, nach Herzenslust das eine oder andere Rezept auszuprobieren und es dabei nicht zu belassen. Bloss keinen Respekt haben und ruhig auch Zutaten ersetzen. Desserts kombinieren und Neues kreieren! Bei rohen, veganen Desserts kann nicht viel schiefgehen. Und wenn, probiert man es nochmals – denn Süßes geht doch immer.

*Anja Stadelmann*

Abc

# Abc

## Backen

Das «Gebäck» wird bei 35–40 °C im Dehydrator oder im Backofen getrocknet. Bei den meisten Backöfen liegt die tiefste Einstellung bei 50 °C. Der Temperaturunterschied kann aber mit Umluft kompensiert werden. Für konventionelles Backen das Gebäck bei 170 °C backen.

## Bezugsquellen

Die für Rohkost geeigneten Produkte sind nebst den Großverteilern in Reformhäusern und Bioläden erhältlich. Weitere Informationen zu den verwendeten Produkten und den Bezugsquellen unter www.rohvegan.ch.

## Birkenzucker (Xylit)

Aus der Birkenrinde gewonnener kalorienarmer Zucker. Sehr zahnfreundlich. Wird auch in der Kaugummi- und der Zahnpasta-Herstellung verwendet.

## Buchweizensprossen

Ungeschälten Buchweizen verwenden. Anleitung zur Sprossenzucht: Buchweizen maximal 1 Stunde im Wasser einweichen. Einweichwasser abgießen und als Gießwasser verwenden. Keimgut in ein Glas füllen und dieses mit einem Gewebefilter/Deckel mit Drahtgitter verschließen. Im Abstand von 12 Stunden unter fließendem, handwarmem Wasser gut spülen. Glas schräg und mit der Öffnung nach unten stellen, damit das Restwasser abfließen und Sauerstoff einströmen kann. Sprossen nach 2 Tagen Keimzeit konsumieren (sie sind für den Sofortverbrauch bestimmt). Buchweizensprossen haben in diesem Stadium ein feines, nussiges Aroma.

## Carobpulver

Aus den Früchten des Johannisbrotbaums. Der Geschmack erinnert an Kakao.

## Cheese *(Quark)*

In der veganen Küche besteht der Quark aus Cashewnüssen, Kokosöl/-mus oder Kakaobutter und Dicksaft.

## Chiasamen

Die Chiasamen stammen von der Wüstenpflanze Salvia hispanica, die zur Familie der Lippenblütler zählt und im Süden Mexikos beheimatet ist.

Die ballaststoffreichen Samen sind reich an Protein, Vitaminen, Antioxidantien und Mineralien und zudem eine der reichsten pflanzlichen Quellen für Omega-3-Fettsäuren.

Chiasamen werden für ungekochte Speisen wie Konfitüren, Gelees, Cremes, Drinks usw. als Geliermittel verwendet.

## Dattelpüree

**2 Teile Datteln**

**1 Teil Wasser**

**wenig Zitronensaft, nach Belieben**

1 Stielansatz und Stein bei den Datteln entfernen.

2 Früchte mit Wasser und Zitronensaft zu einer feinen Masse mixen. Eventuell etwas mehr Wasser zugeben, je nachdem, wie trocken die Datteln sind. Oder Datteln vor der Verarbeitung 30 Minuten einweichen.

*Haltbarkeit* Das Dattelpüree kann in einem Glas mit Schraubverschluss im Kühlschrank maximal 2 Wochen aufbewahrt werden. Man kann das Püree auch im Eiswürfelbehälter tiefkühlen, so hat man es immer schnell zur Hand hat.

*Abbildung* Seite 19

## Dicksaft

Stark konzentrierter, dickflüssiger Fruchtsaft, der im Gegensatz zu Sirup kalt hergestellt wird. Dicksaft dient in diesem Buch als Süßmittel (Zuckersatz): Agavendicksaft, Apfel- und Birnendicksaft. Siehe auch «Süßmittel».

## Joghurt, Nuss-

**2 dl/200 ml Nussmilch, Seite 20**

**½ TL (oder gemäß Anleitung Hersteller) probiotisches Pulver**

**1 EL Dicksaft (Nahrung für die Bakterien)**

1 Für den Nussjoghurt eignet sich eine Nussmilch am besten im Verhältnis 1:3 mit Wasser gemixt und ungefiltert.

2 Nussmilch auf maximal 40 °C erhitzen (mit Thermometer kontrollieren; Bakterien sind hitzeempfindlich), das probiotische Pulver mit Schneebesen einrühren, Dicksaft unterrühren.

3 Joghurt für 6 bis 8 Stunden in die Joghurtmaschine oder in eine Joghurtbox geben oder in ein Glas mit Schraubverschluss füllen und 8 bis 12 Stunden bei Zimmertemperatur stehen lassen. Joghurt nicht schütteln/bewegen, die Bakterien sind erschütterungsempfindlich). Damit sich der volle Geschmack entfalten kann, Joghurt danach für einige Stunden in den Kühlschrank stellen. Nach abgeschlossener Fermentation ist der Joghurt an der Oberfläche. Davon 1 EL für den nächsten Joghurt entnehmen und in einem Glas mit Schraubverschluss im Kühlschrank aufbewahren. Die Flüssigkeit die sich am Boden abgesetzt hat, als Milch verwenden.

*Variante* Gleiche Zubereitung mit Kokosmilch aus der Dose.

*Abbildung* Seite 19

## Kakao

Wie bei der Kokosnuss muss auch bei der Kakaofrucht die harte Schale aufgeschlagen werden. Die Samen sitzen wie beim Maiskolben um eine Säule gruppiert im Fruchtfleisch. Nun folgt die Fermentation, ein natürlicher, für hochwertigen Rohkakao entscheidender Gärprozess. Er dauert einige Tage. Die Bitterstoffe werden abgebaut, und die Kakaobohnen bilden erste Aromavorstufen. Eine sorgfältige Pflege und die gewissenhafte Umschichtung sind für eine gleichmäßige Fermentation Voraussetzung. Nach abgeschlossener Gärung enthalten die Bohnen noch rund 60 Prozent Feuchtigkeit, die sie leicht verderblich macht. Deshalb lässt man sie rund eine Woche auf Matten ausgebreitet - unter regelmäßigem Wenden - an der Sonne trocknen. Jetzt sind sie bereit für den Export in die Verarbeitungsländer.

## Kakaobutter

Siehe Kakaopulver

## Kakaonips

Kakaokernbruchstücke

## Kakaopulver

Gemahlener, gesiebter Kakaokuchen, der beim Abpressen der Kakaobutter aus der Kakaomasse anfällt. Je nach Pressung ist der Fettanteil 10 bis 20 Prozent. Kakaopulver ist kräftig aromatisch im Geschmack, es ist ungezuckert und gezuckert erhältlich.

## Kokosblütenzucker

Er wird aus dem Blütennektar der Kokospalme hergestellt. Der Nektar der Palmblüten tropft langsam in die eigens dafür angebrachten Auffanggefäße. Der Nektar wird gekocht und zu Granulat verarbeitet.

Kokosblütenzucker enthält im Vergleich zu Rohrohr- und Rübenzucker nicht nur ein Vielfaches an Mineralstoffen und Antioxidantien, sondern hat auch einen niedrigen glykämischen Index.

Kokoszucker wird wie Rohrohrzucker dosiert. Sein Geschmack erinnert ein wenig an Karamell. Er kann Zucker in nahezu allen süßen Speisen ersetzen.

## Kokosmehl

Das Mehl hat einen süßlichen, nussigen Geschmack. Es ist reich an leicht verdaulichem Protein und verdauungsfördernden Faserstoffen und glutenfrei.

## Kokosöl

Der Schmelzpunkt liegt bei 24 °C.

## Macapulver

Maca ist eine Wurzel, die in den Anden von Peru wächst, und zwar auf 4000 m. In Peru ist Maca ein Grundnahrungsmittel: Die kartoffelähnliche Knolle kann gebacken oder als Pulver unter Speisen gemischt werden.

*Verwendung* Das Pulver kann für die Herstellung von weißer Schokolade (Seite 23) verwendet werden. Man kann auch Smoothies, Nussmilch, Kaffee, Saft, Müesli, Joghurt, Pudding, Eis usw. damit anreichern.

Nussmilch

Seite 20

Kokosmus

Nussjoghurt
Seite 15
Dattelpüree
Seite 14

## Marzipan

*Rezept* Seite 58

## Nussella

*Rezept* Seite 28

## Nussmilch herstellen

Nüsse (Mandel, Cashewnuss, Haselnuss, Baum-/Walnuss, Pekannuss, Paranuss, Macadamianuss) 6 bis 12 Stunden in kaltem Wasser einweichen. Mit frischem Wasser im Verhältnis 1:3 (1 Teil Nüsse, 3 Teile Wasser) bis 1:4 mixen, je nachdem, wie flüssig die Milch sein soll. Bei einem Verhältnis von 1:2 bis 1:3 ist sie von cremiger Konsistenz, bei einem Verhältnis von 1:4 ist sie vergleichbar mit der im Handel erhältlichen Nussmilch. Zum Passieren der Milch eignen sich ein feines Tuch, ein Nussmilchbeutel (im Handel erhältlich), ein Geschirrtuch oder ein ungebrauchter Nylonstrumpf. Das Tuch in eine Schüssel legen, Nussmilch hineingießen und Nusstrester auspressen. Die Nussmilch ist im Kühlschrank maximal 2 bis 3 Tage haltbar. Je nach Vorliebe kann auf das Filtern verzichtet werden. Die Milch ist so nahrhafter/reichhaltiger.

*Abbildung* Seite 18

## Nussmilch für Eilige

1 dl/100 ml Wasser mit 1–2 EL Nussmus mixen.

## Nussmus

Mus von Kokosnuss, Mandel, Haselnuss usw. ist im Handel erhältlich.

## Nussrahm/-sahne

Beim Herstellen von Nussmilch im Verhältnis 1:2 und 1:3 ist die Milch von cremiger (rahmiger/sahniger) Konsistenz.

## Nusstrester
### (Abfallprodukt bei der Milchherstellung)

Nusstrester kann beispielsweise für das Rezept Seite 74 (Nussbällchen) verwendet werden oder er ersetzt in einem Rezept die Nüsse (weniger Flüssigkeit zugeben). Oder den Trester im Backofen bei 50 °C oder im Dehydrator trocknen. Vor Verwendung kurz mixen und anstelle von Kokosmehl oder gemahlenen Nüssen verwenden, was das Dessert lockerer macht.

## Probiotisches Pulver

Das für die Joghurtherstellung (aus Nussmilch: Mandel, Paranuss-, Cashewnuss) verwendete Pulver enthält Millionen probiotischer Lactobacillus acidophilus und Bifidokulturen und den prebiotisch wirkenden Ballaststoff Inulin. Das Pulver wird aus der Agavepflanze gewonnen.

## Rosenwasser herstellen

2 x 50 g gezupfte Duftrosenblütenblätter
1 l Wasser

Die Hälfte der Rosenblütenblätter in eine Schüssel geben. Wasser aufkochen und darübergießen. Etwa 1 Stunde ziehen lassen. Rosenwasser abseihen und aufkochen. Restliche Rosenblütenblätter in die Schüssel geben. Kochendes Rosenwasser darübergießen. 1 Stunde ziehen lassen. Rosenwasser abseihen, aufkochen, in vorgewärmte kleine Flaschen füllen, sofort verschließen.

*Haltbarkeit* Das Rosenwasser ist im Kühlschrank ungeöffnet mehrere Wochen haltbar. Geöffnete Fläschchen innerhalb einer Woche aufbrauchen.

*Wichtig* Im Handel wird natürliches wie naturidentisches (künstliches) Rosenwasser angeboten. Zum Kochen nur das etwas teurere, natürliche Rosenwasser verwenden! Naturidentisches Rosenwasser schmeckt viel intensiver, aber seifig.

## Schokolade herstellen

Die Schokolade besteht aus drei Komponenten: *Fett* Kakaobutter (Schmelzpunkt 35 °C) oder Kokosöl (Schmelzpunkt 25 °C); *Aroma* Kakao- oder Carobpulver (Pulver aus Früchten des Johannisbrotbaums); *Süssmittel* Dicksaft (z. B. Agavendicksaft) oder Birkenzucker (Xylit)

*Tipp* Wegen des niedrigeren Schmelzpunktes empfiehlt es sich, im Sommer die Schokolade mit Kakaobutter (und nicht mit Kokosmus) herzustellen.

## Schokolade, dunkel

### für eine Tafel

- 40 g Kakaobutter
- 40 g Mandelmus
- 2 EL Dicksaft
- 2 EL Kakaopulver
- 1 Msp Vanillemark (Vanilleschote)

1 Kakaobutter in einem Schüsselchen über dem schwach kochenden Wasser erwärmen, bis sie flüssig ist. Mit den restlichen Zutaten mixen/pürieren. Kurz abkühlen lassen, eventuell in Tassen umgießen, bis die Schokolade nicht mehr so flüssig ist.

2 Pralinen/Dessert überziehen. Schokolade im Kühlschrank hart werden lassen.

3 Die Schokolade kann bei Raumtemperatur gelagert werden.

## Schokolade, weiß

### für eine Tafel

- 40 g Kakaobutter
- 40 g Mandelmus
- 15 g Birkenzucker (Xylit)
- 1 TL Lucuma- oder Macapulver
- 1 Msp Vanillemark (Vanilleschote)

1 Birkenzucker zu Puder mahlen.

2 Kakaobutter in einem Schüsselchen über dem schwach kochenden Wasser erwärmen, bis sie flüssig ist. Mit den restlichen Zutaten mixen/pürieren. Kurz abkühlen lassen, eventuell in Tassen umgießen, bis die Schokolade nicht mehr so flüssig ist.

3 Schokolade in eine geeignete Form oder auf ein Backpapier gießen. Nach Belieben mit Nüssen, Kakaonibs, Weinbeeren, Gojibeeren, Hanfsamen usw. garnieren.

4 Schokolade im Kühlschrank hart werden lassen.

5 Die Schokolade kann bei Raumtemperatur gelagert werden.

## Schokolade, hell

*für eine Tafel*

- 4 EL Kokosöl
- 2 EL Mandelmus
- 1 EL Kakaopulver
- 2 EL Kokosblütenzucker
- 1 Msp Vanillemark (Vanilleschote)

1 Kokosblütenzucker zu Puder mahlen. Flüssiges Kokosöl, Mandelmus, Kakaopulver und Vanillemark zugeben und mixen.

2 Schokolade in eine geeignete Form oder auf ein Backpapier gießen. Nach Belieben mit Nüssen, Kakaonibs, Weinbeeren, Gojibeeren, Hanfsamen usw. garnieren.

3 Schokolade im Kühlschrank hart werden lassen.

4 Schokolade im Kühlschrank lagern.

## Schokolade, Carob-

*für eine Tafel*

- 30 g Kakaobutter
- 2 EL Mandelmus
- 1 TL Carobpulver
- 1 EL Dicksaft
- 1 Msp Vanillemark (Vanilleschote)

1 Kakaobutter in einem Schüsselchen über dem schwach kochenden Wasser erwärmen, bis sie flüssig ist. Mit den restlichen Zutaten mixen/pürieren.

2 Schokolade in eine geeignete Form oder auf ein Backpapier gießen. Nach Belieben mit Nüssen, Kakaonibs, Weinbeeren, Gojibeeren, Hanfsamen usw. garnieren.

3 Schokolade im Kühlschrank hart werden lassen.

4 Die Schokolade kann bei Raumtemperatur gelagert werden.

## Süßmittel

Zum Süßen eignen sich nebst dem Dicksaft auch Datteln, Feigen und Rosinen (Trockenfrüchte) und Bananen.

## Tortenboden

*für eine Form von 22 cm Durchmesser*

- 150 g gemahlene Baum-/Walnüsse oder andere Nüsse
- 4 EL Dattelpüree, Seite 14
- Zitronensaft, nach Belieben
- 1 Prise Salz, nach Belieben

1 Nüsse und Dattelpüree gut verkneten. Aroma nach Belieben mit einigen Tropfen Zitronensaft und/oder einer Prise Salz abrunden.

2 Nussmasse ausrollen oder in die Form drücken.

## Tortenboden, Schokoladen-

*für eine Form von 22 cm Durchmesser*

- 150 g gemahlene Baum-/Walnüsse oder andere Nüsse
- 2 EL Kokosöl
- 2 EL Dicksaft
- 2 EL Kakaopulver
- 1 Prise Salz, nach Belieben

1 Nüsse, Kokosöl, Dicksaft und Kakaopulver gut verkneten.

2 Nussmasse ausrollen oder in die Form drücken.

Früh

stück

für viel Power

# Nussella

*für 1 kleines Glas*

100 g Haselnüsse
1 EL Kakaopulver
2 EL Kokosmus
3 Datteln

1 Stielansatz und Stein bei den Datteln entfernen.

2 Alle Zutaten im Mixer zu einer cremigen Masse verarbeiten. Wenn der Mixer nicht genug stark ist, Haselnüsse und Datteln zuerst einige Stunde einweichen; zum Mixen eventuell wenig Haselnussöl zugeben.

*Haltbarkeit* Nussella im Kühlschrank aufbewahren; innerhalb von einer Woche aufbrauchen.

*Abbildung* rechts

# Konfitüre

*für 1 kleines Glas*

250 g Beeren oder
250 g Früchte, evtl. geschält, entsteint/entkernt, zerkleinert
2 EL Zitronensaft
5 EL Chiasamen

1 Beeren/Früchte pürieren. Zitronensaft und Chiasamen unterrühren.

2 Konfitüre im Kühlschrank mindestens 2 Stunden fest werden lassen.

*Haltbarkeit* Am besten schmeckt die Konfitüre, wenn sie am Vorabend zubereitet wird. Im Kühlschrank ist sie bis 3 Tage haltbar.

*Abbildung* links

# Birnen mit Crumble und Vanillesauce

### für 2 Portionen

2 Birnen, etwa 300 g

### Crumble

50 g gemahlene Nüsse

2 EL Dattelpüree, Seite 14, oder Dicksaft

1 Msp Zimtpulver

1 Prise Salz

### Vanillesauce

50 g Cashewnüsse, mindestens 30 Minuten im Wasser eingeweicht

1/4 Vanilleschote

1 EL Dicksaft

Kurkumapulver, für die Farbe, nach Belieben

1 Die Zutaten für die Crumble verrühren.

2 Für die Vanillesauce Cashewnüsse, abgestreiftes Vanillemark, Dicksaft und wenig Kurkumapulver fein mixen.

3 Birnen vierteln und entkernen, in Schnitze oder in beliebige Stückchen schneiden.

4 Birnenscheiben anrichten, Vanillesauce darübergießen. Crumble dazubröseln.

# Beerenmousse

*für 2 Portionen*

**200 g Beeren**

**5 EL Mandelmus**

**Dicksaft, nach Belieben**

**pürierte Beeren und ganze Beeren, für die Garnitur**

1 Beeren und Mandelmus mit wenig Dicksaft fein pürieren.

2 Mousse mit zwei Esslöffeln formen, anrichten. Mit frischen Beeren respektive pürierten Beeren umgeben.

*Tipp* Die Beerenmousse schmeckt am besten, wenn man sie zuerst 1 bis 2 Stunden kühl stellt.

# Knuspermüesli

**1 Apfel**

**5 Datteln**

**1 EL Kokosöl**

**120 g Flocken, am besten Hirse- oder Haferflocken**

**50 g Nüsse**

**je 2 EL Rosinen, Gojibeeren, Sonnenblumenkerne, Kokosraspel und Buchweizen**

*1* Nüsse grob hacken. Datteln rund 30 Minuten einweichen; Stielansatz und Stein entfernen. Apfel eventuell schälen, vierteln und entkernen, Fruchtviertel zerkleinern.

*2* Äpfel, Datteln und Kokosöl im Mixer oder mit Pürierstab zu einem Mus/Püree verarbeiten. Flocken, Nüsse und übrige Zutaten unterrühren.

*3* Masse etwa 1 cm dick und kompakt auf einem Backpapier verstreichen. 8 Stunden trocknen lassen. In Stückchen brechen.

*Haltbarkeit* Das Knuspermüesli ist trocken und gut verschlossen einige Wochen haltbar.

*Tipp* Mit Milch, Joghurt, Fruchtsaft oder Chiapudding und frischen Früchten genießen.

*Abbildung* vorne



rechts hinten:
**Chiapudding**, Seite 36

# Chiapudding

*für 1 Portion*

**2 dl/200 ml Milch, z. B. Mandelmilch, Seite 20**

**3 gehäufte EL Chiasamen**

Mandelmilch in ein Schüsselchen gießen, Chiasamen zugeben. Wenn die Samen mit der Milch vollgesogen sind, sinken sie. Den Pudding mindestens 6 Stunden oder über Nacht in den Kühlschrank stellen.

*Serviervorschlag* Allein oder mit frischen Früchten, Dicksaft und Knuspermüesli servieren. Wer die kaviarähnliche Konsistenz nicht mag, kann den Chiapudding pur oder mit Kakao- oder Carobpulver oder Dicksaft mixen.

*Abbildung* Seite 35, hinten

# Bananencrêpe

*für 1 Crêpe*

**1 Banane**

1 Banane pürieren und auf einem Backpapier zu einer dünnen Rondelle verstreichen.

2 Die Crêpe im Backofen bei 45 °C oder im Dehydrator etwa 10 Stunden trocknen lassen. Die Crêpe sollte noch formbar sein.

# Knuspriges Beerenmüesli

*für 2 Portionen*

**3 Handvoll Beeren**
**6 EL Buchweizen, naturbelassen, oder**
**6 EL gekeimter Buchweizen**
**300 g Joghurt, Seite 15, oder Natur-Sojajoghurt**

1 Zwei Drittel der Beeren mit der Gabel zerdrücken.

2 Buchweizen in ein Glas füllen und mit der Hälfte Joghurt bedecken, Beerenmus darauf verteilen, mit restlichem Joghurt abschließen. Mit restlichen Beeren garnieren.

*Tipp* Wer das Müesli knusprig liebt, isst es gleich, ansonsten nach kräftigem Rühren einige Minuten stehen lassen, bis der Buchweizen ein wenig weicher ist.

acks

# Apfelschnitze

**Äpfel**

**Zimtpulver, nach Belieben**

1 Äpfel vierteln und entkernen, Fruchtviertel in Schnitze schneiden. Nach Belieben mit Zimt bestreuen.

2 Apfelschnitze im Backofen bei 50 °C oder im Dehydrator etwa 10 Stunden trocknen lassen.

*Abbildung* links

# Energieriegel

*für 8 Stück*

**100 g getrocknete Apfelschnitze, siehe oben**

**50 g Nüsse**

**5 Datteln**

**50 g Kokosraspel**

1 Getrocknete Apfelschnitze mindestens 15 Minuten in Wasser einweichen, abgießen (Wasser auffangen und trinken). Stielansatz und Stein bei den Datteln entfernen.

2 Äpfel, Nüsse und Datteln nicht zu fein mixen; kleine Stücke sind erwünscht. In eine Schüssel füllen. Kokosraspel unterrühren.

3 Apfel-Nuss-Masse auf einem Backpapier verteilen und gut andrücken.

4 Apfel-Nuss-Blatt im Kühlschrank ein paar Stunden fest werden lassen. Riegel schneiden.

*Abbildung* rechts

# Buchweizen-Crunch

*für 9 Stück*

- **100 g Buchweizen**
- **6 EL Dicksaft**
- **2 EL Mandelmus**
- **4 EL Kokosmus**
- **geschälte Pistazien**

*1* Buchweizen im Mixer grob zerkleinern.

*2* Buchweizen mit Dicksaft und Mandelmus verrühren. Von Hand kneten. In eine Form drücken oder auf der Arbeitsfläche ausrollen. Kokosmus im Wasserbad bei schwacher Hitze weich werden lassen und darüber verteilen. Mit Pistazien garnieren.

*3* Buchweizenblatt in 9 Quadrate schneiden. Im Kühlschrank lagern.

*Abbildung* hinten

# Kamillenhäppchen

*für 9 Stück*

- **50 g Hirse- oder Haferflocken**
- **50 g gemahlene Nüsse**
- **1 dl/100 ml Fruchtsaft**
- **3 EL Dattelpüree, Seite 14**
- **1 EL getrocknete oder frische Kamillenblüten**
- **½ TL Vanillepulver**

*1* Flocken, Nüsse und Fruchtsaft verrühren. Mindestens 30 Minuten quellen lassen.

*2* Getrocknete Kamillenblüten im Mörser fein zerstoßen, frische Kamillenblüten fein hacken.

*3* Flocken-Nuss-Mix, Dattelpüree, Kamillenblüten und Vanillepulver zu einem Teig kneten und auf einem Backpapier verstreichen und festdrücken.

*4* Flocken-Nuss-Blatt in 9 Quadrate schneiden. Im Kühlschrank lagern.

*Abbildung* vorne links



Mitte rechts:
**Fruchtige Haselnussschnitten**, Seite 44

# Fruchtige Haselnussschnitten

*für 9 Stück*

**80 g gemahlene Haselnüsse**
**50 g Dattelpüree, Seite 14**
**1 Banane**
**2 EL Haselnussmus**
**2 EL Kokosmus**
**Crumble, Seite 30**

*1* Haselnüsse und Dattelpüree verrühren. Masse auf einem Backpapier 10 mm dick verteilen und andrücken.

*2* Banane mit Haselnuss- und Kokosmus mixen und auf dem Haselnuss-Dattel-Boden verteilen. Im Tiefkühler einige Stunden fest werden lassen.

*3* Haselnussgebäck 30 Minuten vor dem Verzehr aus dem Tiefkühler nehmen und das Gebäck Raumtemperatur annehmen lassen. Crumble darüberstreuen. In Quadrate schneiden. Auf Teller mit Gabel servieren.

*Abbildung* Seite 43, Mitte rechts

# Karamellbonbons

1 Kokosnuss
300 g Datteln
1 Msp Salz
1 EL Carobpulver

1 Datteln etwa 1 Stunde im Wasser einweichen, abgießen (Einweichwasser trinken). Stielansatz und Stein entfernen.

2 Ein Loch in die Kokosnuss bohren. Fruchtwasser abgießen und auffangen. Frucht halbieren und Fleisch herauslösen.

3 Kokosnussfleisch, Datteln, Salz und Carobpulver zu einer feinen Masse mixen.

4 Kokosnuss-Dattel-Masse auf Backpapier verstreichen. Im Tiefkühler fest werden lassen, tiefgekühlt aufbewahren. Karamell 5 Minuten vor dem Essen aus dem Tiefkühler nehmen, in Würfelchen schneiden.

# Brennnesselkugeln

*für 15–20 Stück*

80 g geriebene Mandeln
80 g Kokosraspel
10 Brennnesselblätter, von jungen Trieben
60 g Dattelpüree, Seite 14
1/2 Zitrone, Saft

Kokosraspel, zum Drehen

1 Die Brennnesselblätter zwischen zwei Fingern abstreifen; so werden die feinen (brennenden) Härchen gebrochen. Blätter aufeinanderlegen, längs halbieren und quer in Streifchen schneiden.

2 Alle Zutaten mischen.

3 Die Masse portionieren und Kugeln formen, in den Kokosraspeln drehen.

# Mango-Birnen-Schnitten

*für 8 Stück*

- **50 g getrocknete Mangos**
- **1 Birne (150 g)**
- **70 g gemahlene Haselnüsse**

*1* Mangos mindestens 1 Stunde im Wasser einweichen, abgießen und Flüssigkeit auffangen (Einweichwasser trinken).

*2* Birne vierteln, entkernen und zerkleinern, mit Mangos grob pürieren. Haselnüsse untermischen. Auf einem Backpapier 5 mm dick verstreichen.

*3* Mango-Birnen-Schnitten im Backofen bei 50 °C oder im Dehydrator etwa 6 Stunden trocknen lassen. In Quadrate schneiden.

*Abbildung* vorne

# Fruchtleder

*für 4 Röllchen*

- **300 g frische Beeren oder frisches Obst**

*1* Obst bei Bedarf schälen und entkernen/entsteinen und zerkleinern.

*2* Früchte pürieren und auf einem Backpapier 3 mm dick verstreichen.

*3* Fruchtleder im Backofen bei 50 °C oder im Dehydrator 10 Stunden trocknen lassen.

*Früchte* Für das Fruchtleder eignen sich praktisch alle wasserhaltigen Früchte, vor allem aber Beeren, Mangos, Äpfel und Birnen.

*Tipp* Für Kinder ist das Fruchtleder eine gute Alternative zu den beliebten Gummischlangen.

*Abbildung* hinten

# Mangomousse

*für 1 Portion*

100 g getrocknete Mangos

1 EL Kokosmus

*1* Mangos 1 Stunde im Wasser einweichen. Früchte abgießen und Flüssigkeit auffangen (zum Verdünnen der Mousse und zum Trinken verwenden).

*2* Mangos und Kokosmus fein pürieren. Eventuell braucht es noch etwas Flüssigkeit, damit die Mousse luftig wird.

*3* Mangomousse vor dem Servieren kühl stellen.

*Abbildung*

# Orangen-Feigen-Riegel

*für 8 Riegel*

1 Orange

50 g getrocknete Feigen

80 g gemahlene Haselnüsse

*1* Orange schälen, in Schnitze teilen, entkernen. Bei den Feigen Stielansatz entfernen, Trockenfrüchte kleinschneiden.

*2* Orangenschnitze und Feigen pürieren. Haselnüsse unterrühren. Masse auf einem Backpapier 15 mm dick verstreichen.

*3* Orangen-Feigen-Riegel im Backofen bei 50 °C oder im Dehydrator rund 6 Stunden trocknen lassen – die Trocknungszeit hängt davon ab, wie trocken man die Riegel wünscht. In Riegel schneiden.

# Kiwitörtchen mit Schlagrahm

*für 2 Törtchen*

*Teigboden*

- 8 EL Mandelmus
- 2 EL Dicksaft
- 6 EL Kokosmehl
- 1 TL Carobpulver

*Füllung*

- 4 EL Mandelmus
- 2 EL Kokosmilch, vom Schlagrahm
- 2 Kiwis

*Schlagrahm*

- 1 Dose Kokosmilch
- 1–2 EL Dicksaft
- ½ Vanilleschote

*1* Die Kokosmilchdose im Kühlschrank auf dem Kopf mindestens 6 Stunden kühlen.

*2* Die Zutaten für den Teigboden verrühren. In zwei Portionen teilen. Zwischen Klarsichtfolien ausrollen und einen Rand formen. Im Backofen bei 50 °C oder im Dehydrator 4 Stunden trocknen lassen.

*3* Für den Kokosschlagrahm festen Teil der Kokosmilch abschöpfen (das ist ¾ des Doseninhalts), mit Dicksaft und abgestreiftem Vanillemark mit Stabmixer aufschlagen. Kühl stellen.

*4* Vor dem Servieren Mandelmus und Kokosmilch verrühren, auf dem Teigboden verteilen. Kiwis schälen, Stielansatz entfernen, Früchte in Scheiben schneiden, auf den Teigboden legen. Mit Kokosschlagrahm garnieren. Nach Belieben einen Spritzbeutel verwenden.

*Tipp* Restliche Kokosflüssigkeit für Smoothies verwenden.

# Zuckermaisschnitten mit Ananas

*für 4 Stück*

1 erntefrischer Zuckermaiskolben (200 g Körner)
5 EL Dattelpüree, Seite 14
30 g Kokosmehl
½ Vanilleschote
Salz
100 g getrocknete Ananas
1 EL Kokosöl

Kokosraspel, für die Garnitur

1 Getrocknete Ananas mindestens 1 Stunde im Wasser einweichen. Abgießen, Flüssigkeit auffangen (ergibt einen wunderbaren Drink). Ananas mit dem Kokosöl mixen.

2 Zuckermaiskörner vom Kolben schneiden, im Mixer grob zerkleinern.

3 Zuckermais- und Dattelpüree verrühren, Kokosmehl unterrühren. Vanilleschote aufschneiden, Vanillemark zur Masse streifen und unterrühren. Mit wenig Salz abrunden. Auf ein Backpapier verteilen. Eine Klarsichtfolie darauflegen. Masse mit dem Teigholz gleichmäßig ausrollen. Folie entfernen. Ananaspüree darauf verstreichen. Tiefkühlen.

4 Zuckermaisschnitten 30 Minuten vor dem Essen aus dem Tiefkühler nehmen. In Quadrate schneiden. Mit Kokosraspeln garnieren. Auf dem Teller und mit Gabel servieren.

# Birnen-Nuss-Caprese

*für 2 Stück*

2 Birnen
10 Minzeblätter

25 g Macadamianüsse
3 EL Dattelpüree, Seite 14
1/4 Vanilleschote
1 Prise Salz

1 Macadamianüsse 1 Stunde oder länger im Wasser einweichen. Abgießen.

2 Nüsse, Dattelpüree, abgestreiftes Vanillemark und Salz zu einer feinen Masse pürieren.

3 Birnen vierteln und entkernen, Viertel längs in feine Schnitze schneiden.

4 Birnenschnitze und Nussmasse abwechslungsweise kreisförmig auf 2 Tellern anrichten. Mit Minze garnieren.

# Guetzli Pr

# &

# alinen

# Petit Fours

*für 4 Stück*

*dunkle Masse*

2 EL Kokosmus

1 TL Carobpulver

1 TL Dicksaft

*helle Masse*

25 g fein gemahlene Nüsse

1 EL Dicksaft

1 Prise Vanillepulver

Schokolade, Seiten 22–24

1 Das Kokosmus sollte für dieses Rezept nicht zu flüssig sein – ideal ist, wenn die Masse stichfest ist. Die Zutaten für die dunkle Masse verkneten und ein Rechteck von 5 cm x 10 cm auf ein Backpapier drücken.

2 Zutaten für die helle Masse verkneten, bis sie zusammenhält, und ein Rechteck von 5 cm x 10 cm auf ein Backpapier drücken.

3 Dunkles auf helles Teigblatt stürzen, Backpapier abziehen. Teigblatt quer halbieren und aufeinanderlegen. Nun das Teigblatt in 4 Würfel schneiden. Mit Schokolade überziehen. Kühl stellen, damit die Schokolade fest werden kann.

*Tipp* Die Petit Fours können je nach Schokolade (siehe Seite 22; Schmelzpunkt) bei Zimmertemperatur aufbewahrt werden.

*Abbildung* rechts

# Buchweizenkugeln

*für 6 Stück*

50 g Buchweizen

3 EL Kokosmus

3 EL Dicksaft

6 Haselnüsse

Kokosraspel, zum Drehen

1 Buchweizen im Mixer grob mahlen.

2 Buchweizen, Kokosmus und Dicksaft gut verrühren. Kugeln formen. In jede Kugel eine Haselnuss drücken. In den Kokosraspeln drehen.

3 Buchweizenkugeln im Kühlschrank fest werden lassen.

*Abbildung* links

# Gefüllte Ingwerguetzli

*für 6 Stück*

- 1 Banane
- 10 g Ingwer
- 30 g gemahlene Nüsse
- 1 EL Melasse
- 3–5 EL Kokosmehl

*Füllung*

- 2 EL Kokosmus
- 3 TL Mandelmus
- 3 TL Dicksaft

*1* Für die Guetzli Banane pürieren. Ingwer schälen, auf einer feinen Reibe zum Bananenpüree reiben und untermischen. Nüsse und Melasse unterrühren. Soviel Kokosmehl unterrühren, bis man einen Teig hat. Den Teig ausrollen und mit einem Trinkglas 12 Rondellen ausstechen. Auf ein Backpapier legen.

*2* Guetzli im Ofen bei 50 °C oder im Dehydrator mindestens 5 Stunden trocknen.

*3* Für die Füllung das Kokosmus im Wasserbad bei schwacher Hitze weich werden lassen. Mandelmus und Dicksaft unterrühren, auf die Hälfte der Rondellen verteilen und ein zweite Rondelle darauflegen.

*Abbildung* links

# Marzipan

- 100 g Mandeln
- 2–3 EL Dicksaft
- 1 TL Rosenwasser, Seite 22, oder Apotheke/Drogerie

*Varianten*

- ½ TL Vanille- oder/ und Zimtpulver
- 1 TL Zitronensaft
- 1 EL Amaretto

*1* Mandeln über Nacht einweichen. Am nächsten Tag Nüsse aus der Haut drücken, im Backofen bei 50 °C oder im Dehydrator 12 Stunden trocknen lassen.

*2* Mandeln fein mahlen, Dicksaft und Rosenwasser zugeben, zu einer festen Masse kneten.

*Varianten* Anstelle des Rosenwassers können für einen intensiveren Geschmack auch Aromen wie Vanille- oder Zimtpulver, Zitronensaft oder Amaretto oder Rum beigefügt werden. Geschälte Mandeln kaufen.

*Abbildung* rechts

# Haselnussnester

*für 10 Nester*

50 g Reismehl
50 g gemahlene Haselnüsse
1 Banane

gemahlene Haselnüsse, zum Drehen
Fruchtpüree oder Konfitüre, Seite 28

1 Reismehl und Haselnüsse mischen. Banane pürieren und unterrühren.

2 Aus dem Teig Kugeln formen, mit Daumen eine Vertiefung drücken, Kugeln in den Haselnüssen drehen.

3 Haselnussnester im Backofen bei 50 °C oder im Dehydrator 8 Stunden trocknen lassen.

4 Haselnussnester mit Fruchtpüree oder Konfitüre füllen.

*Abbildung* rechts

# Apfelkugeln

*für 6 Stück*

50 g Dattelpüree, Seite 14
4 EL Kokosmus
3 EL Mandelmus
½ TL Zimtpulver
2 getrocknete Apfelschnitze, Seite 40, evtl. klein gewürfelt

2 getrocknete Apfelschnitze, für die Garnitur

1 Alle Zutaten verrühren und Kugeln formen.

2 Apfelschnitze für die Garnitur dritteln. Apfelkugeln im Kühlschrank lagern.

*Abbildung* links

Mitte:
**Mandelkugeln**, Seite 62

# Mandelkugeln

*für 4 Stück*

2 EL Mandelmus oder beliebiges Nussmus

1 EL Dicksaft

2 EL Kokosmehl

1 Prise Salz

Schokolade, Seiten 22–24

1 Alle Zutaten verrühren und Kugeln formen.

2 Schokolade im temperierten Wasserbad schmelzen. Nusskugeln in die Schokolade tauchen und überziehen. Schokolade trocknen lassen. Kugeln kühl lagern.

*Abbildung* Seite 61 Mitte

# Spitzbuben

*für 8 Stück*

*Teig*

200 g Cashewnüsse

3 EL Dicksaft

evtl. wenig Wasser

*Füllung*

8 EL Fruchtpüree oder Konfitüre, Seite 28

Reis-, Kokos- oder anderes Mehl, zum Bestreuen

1 Cashewnüsse fein mahlen. Dicksaft unterrühren. Masse gut kneten. Falls der Teig zu trocken ist, ein wenig Wasser einkneten.

2 Nussteig ausrollen und Rondellen ausstechen. Bei der Hälfte der Rondellen ein Herzchen oder eine kleine Rondelle ausstechen.

3 Teigrondellen im Backofen bei 50 °C oder im Dehydrator 10 Stunden trocknen.

4 Ungelochte Rondellen mit Fruchtpüree oder Konfitüre bestreichen, gelochte Rondellen daraufsetzen.

*Abbildung* Seite 67 vorne

# Zitronenträumchen

*für 6 Stück*

**5 EL Kokosöl**
**3 EL Kokosmus**
**2 EL Dicksaft**
**2 EL Wasser**
**1 1/2 EL frischer Zitronensaft**

**1 Bio-Zitrone oder Orange, Schale**
**Pralinenförmchen**

Kokosöl und -mus im mäßig warmen Wasserbad langsam schmelzen. Übrige Zutaten unterrühren. In die Förmchen gießen. Fein geriebene Zitronenschale darüberstreuen. Kühl stellen.

*Abbildung* Seite 65 links

# Fruchtige Pralinen

*für 6 Stück*

**30 g Dattelpüree, Seite 14**
**2 EL Kokosöl**
**1 EL Carobpulver**
**4 EL Fruchtsaft**

*Frosting*

**3 EL Kokosmus**
**1/2 TL Dicksaft**
**2 EL Mandelmus**

**Pralinenförmchen**

1 Die Zutaten für die Pralinen gut verrühren, in die Förmchen füllen.

2 Die Zutaten für das Frosting verrühren, in einen Spritzbeutel mit kleiner Sterntülle füllen, auf die Pralinenmasse spritzen.

*Abbildung* Seite 65 Mitte

# Schokoschock

*für 6 Stück*

*Pralinen*

30 g Kakaobutter
2 EL Dicksaft
2 EL Kakaopulver
4 EL Nussmilch, Seite 20

*Frosting*

3 EL Mandelmus
3 EL Kokosmus
1 EL Dicksaft
1 EL Kakao- oder Carobpulver
2 EL Wasser
2 EL Nussmilch, Seite 20

Pralinenförmchen

*1* Kakaobutter im mäßig warmen Wasserbad langsam schmelzen. Kakaobutter mit den übrigen Zutaten mit Stabmixer mixen. In Pralinenförmchen füllen. Kühl stellen.

*2* Für das Frosting alle Zutaten verrühren, in Spritzbeutel mit kleiner Sterntülle füllen, auf die Pralinenmasse spritzen.

*Abbildung* rechts

links:
**Zitronenträumchen**, Seite 63

Mitte:
**Fruchtige Pralinen**, Seite 63

# Zimtsterne

*für 15 Stück*

*Teig*

40 g gemahlene Haselnüsse

2 TL Zimtpulver

80 g getrocknete Apfelschnitze, Seite 40

Wasser

*Guss*

6 EL Kokosmus

1 EL Dicksaft

5 EL Wasser

1 Haselnüsse und Zimt mischen. Apfelschnitze im Mixer zerkleinern, unter die Nüsse mischen. Esslöffelweise Wasser zugeben, bis der Teig knetbar ist. Lieber zu wenig als zu viel Wasser; immer wieder versuchen, den Teig zu kneten. Teig ausrollen und Sterne ausstechen. Auf ein Backpapier legen.

2 Zimtsterne im Ofen bei 50 °C oder im Dehydrator 2 Stunden trocknen. Oder die Sterne bei Raumtemperatur trocknen.

3 Für den Guss Kokosmus im Wasserbad bei mäßiger Wärme geschmeidig machen. Dicksaft und Wasser zugeben, zu einer zähflüssigen Masse rühren. Guss auf die Sterne geben und mit einem Holzstäbchen in die Spitzen verteilen.

*Abbildung* hinten



vorne:
**Spitzbuben**, Seite 62

# Schok
# trä

laden-

ume

# Macarons

*für 8 Stück*

*Macarons*

80 g Reismehl

50 g gemahlene Nüsse

1 EL Kakao- oder Carobpulver

2 Bananen

*Topping*

2 EL Mandelmus

1 EL Kakaopulver

1 EL Dicksaft

*1* Für die Macarons Reismehl, Nüsse und Kakaopulver mischen. Bananen pürieren und unterrühren. Masse kneten, damit sie zusammenhält. 8 Kugeln formen und diese ein wenig flachdrücken.

*2* Macarons im Backofen bei 50 °C oder im Dehydrator etwa 5 Stunden trocknen lassen.

*3* Zutaten für das Topping verrühren. Masse in einen Spritzbeutel mit kleiner Sterntülle füllen, auf die Macarons spritzen.

*Abbildung* links

# Schnelle Mousse

*für 4 Portionen*

25 g Kokosmehl

25 g Kakao- oder Carobpulver

1 TL Garam Masala oder Zimt-, Kardamom-, Ingwer- oder Chilipulver, nach Belieben

5 EL Dicksaft

1 dl/100 ml Wasser

*1* Kokosmehl, Kakaopulver und Garam Masala mischen. Dicksaft im Wasser auflösen, zu den trockenen Zutaten geben, rühren, bis die Mousse eine luftige Konsistenz hat.

*2* Mousse sofort servieren oder kühl stellen.

*Abbildung* in der Tasse

# Einfacher Schokokuchen

*für eine Form von 16 cm Durchmesser*

100 g Nusstrester, Seite 21
2 Bananen
2 EL Kakaopulver
4 EL Kokosöl

Kokosmehl, zum Bestreuen

*1* Zutaten fein mixen. In die Form füllen und im Tiefkühler fest werden lassen.

*2* Schokokuchen etwa 15 Minuten vor dem Servieren aus dem Tiefkühler nehmen. Für ein Muster Schablone oder Blätter auf den Kuchen legen und mit Kokosmehl bestäuben.

***Abbildung*** rechts

# Kokosmakronen

*für 15 Stück*

100 g Nusstrester, Seite 21
2 Bananen
2 EL Kakaopulver
ca. 100 g Kokosraspel

*1* Nusstrester, Bananen und Kakaopulver fein mixen. In eine Schüssel füllen. Kokosraspel nach und nach unterrühren. Die Masse hat die richtige Konsistenz, wenn sie mit dem Eisportionierer portioniert werden kann und die Masse nicht auseinanderfällt. Kugeln in den Kokosraspeln wenden und auf ein Backpapier legen.

*2* Kokosmakronen im Backofen bei 50 °C oder im Dehydrator ein paar Stunden trocknen; sie sollen außen angetrocknet und innen noch feucht sein.

***Abbildung*** unten links



oben links:
**Nussbällchen**, Seite 74

1/3cup 3fl oz

# Kokosriegel

*für 3 Stück*

70 g Kokosraspel
4 EL Kokosmus
2 EL Dicksaft
1/2 TL Vanillepulver
Salz, nach Belieben
evtl. Wasser

Schokolade, Seiten 22–24

*1* Alle Zutaten mischen und von Hand gut kneten. Eventuell etwas Wasser zugeben, bis die Masse formbar ist. Drei Riegel formen und diese in den Tiefkühler stellen.

*2* Riegel mit flüssiger Schokolade überziehen oder in die Schokolade eintauchen. 30 Minuten tiefkühlen, bis die Schokolade fest ist.

*Tipp* Je nach Schmelzpunkt der Schokolade (Seite 22) Riegel im Kühlschrank aufbewahren und 5 Minuten vor dem Essen aus dem Kühlschrank nehmen.

*Abbildung*

# Nussbällchen

*für 8 Stück*

100 g Nusstrester, Seite 21
2 EL Nussmus
2 EL Dicksaft
1–2 EL Carob- oder Kakaopulver, zum Überziehen

*1* Die Zutaten für die Nusskugeln mischen, gut verkneten, Bällchen formen.

*2* Carobpulver in eine Tasse füllen. Ein Nussbällchen nach dem andern hineinlegen und durch Bewegen der Tasse mit dem Pulver überziehen.

*Nusstrester* Für dieses Rezept kann der bei der Herstellung von Nussmilch anfallende Trester verwertet werden.

*Abbildung* Seite 73, oben links

# Snickers

### für 2 Stück

#### Nougat

50 g Haselnüsse

2 EL Dicksaft

1 EL Haselnussmus

1 TL Carobpulver, nach Belieben

#### Karamell

1 EL Mandelmus

1 EL Dattelpüree, Seite 14

1 TL Dicksaft

Schokolade, Seiten 22–24

*1* Für den Nougat die Haselnüsse sehr fein mahlen, übrige Zutaten unterrühren und verkneten. Zwei Riegel formen und diese in den Tiefkühler legen.

*2* Für den Karamell die Zutaten verrühren, auf die Nougatstangen verteilen (siehe Bild). Kurz gefrieren lassen.

*3* Snickers mit flüssiger Schokolade überziehen oder die Snickers in flüssige Schokolade tauchen. 30 Minuten tiefkühlen, bis die Schokolade fest ist.

*Tipp* Je nach Schmelzpunkt der Schokolade (Seite 22) Riegel im Kühlschrank aufbewahren und 5 Minuten vor dem Essen aus dem Kühlschrank nehmen.

# Feigenguetzli

*für 15 Stück*

100 g Nüsse, Sorte nach Wahl
50 g Kokosraspel
4 erntefrische Feigen
4 EL Kakaopulver
1/2 dl/50 ml Wasser

Kakaonibs, nach Belieben
Salz, nach Belieben
Zimtpulver, nach Belieben

*1* Bei den Feigen den Stielansatz entfernen, Früchte vierteln.

*2* Alle Zutaten bis und mit Wasser nicht zu fein pürieren, etwa 30 Sekunden lang. Nach Belieben Kakaonibs unterrühren und mit Salz und Zimtpulver abschmecken.

*3* Masse mit einem Esslöffel portionieren und Häufchen mit genügend Abstand auf ein Backpapier setzen und flach drücken.

*4* Feigenguetzli im Backofen bei 50 °C oder im Dehydrator 12 Stunden trocknen.

# Browneis

*für 4 Stück*

### Brownies

- 100 g Sonnenblumenkerne oder Nüsse
- 100 g Datteln
- 3 EL Kakao- oder Carobpulver
- einige Baum-/Walnüsse, grob gehackt
- 1 Prise Salz, nach Belieben

### Frosting

- 3 EL Kokosmus
- 1 EL Melasse

*1* Bei den Datteln den Stielansatz entfernen und die Früchte entsteinen.

*2* Browniezutaten zu einem gleichmäßigen Teig mixen. Baumnüsse unterrühren. Masse auf einem Backpapier zu einem Rechteck verstreichen.

*3* Für das Frosting Kokosmus im mäßig warmen Wasserbad weich werden lassen, mit der Melasse verrühren. Auf die Brownies verteilen.

*4* Frosting im Kühlschrank fest werden lassen. Portionieren.

# Lebkuchen

*für 12 Stück*

### Lebkuchen

200 g ausgelöste frische grüne Erbsen
4 große Datteln
1 TL Lebkuchengewürz
1 EL Kakaopulver
2 EL Kokosöl

### Überzug

3 EL Kakaobutter, Seite 16
1 EL Kakaopulver
1 EL Dicksaft
3 EL Mandelmus

*1* Bei den Datteln den Stielansatz entfernen und die Früchte entsteinen.

*2* Zutaten für den Lebkuchen zu einem feinen Teig mixen. Masse etwa daumenbreit und rechteckig auf einem Backpapier verstreichen.

*3* Für den Überzug Kakaobutter im mäßig warmen Wasserbad schmelzen. Kakaopulver, Dicksaft und Mandelmus unterrühren, auf dem Lebkuchen verteilen.

*4* Lebkuchen in den Tiefkühler stellen, damit der Schokoüberzug fest werden kann. In 12 Würfel schneiden. Lebkuchen danach im Kühlschrank aufbewahren.

nten

# Zitronen-Erdbeer-Cheesecake

*für eine Form von 22 cm Durchmesser*

1 Rezeptmenge «Tortenboden», Seite 25

5 EL Kokosöl oder flüssige Kakaobutter (gibt eine festere Konsistenz)

1 Bio-Zitrone

150 g Cashewnüsse

4 EL Dicksaft

10 Erdbeeren

*Garnitur*

Kokosraspel

Erdbeeren

Pistazien

*1* Cashewnüsse 3 bis 4 Stunden in Wasser einweichen.

*2* Tortenbodenmasse in die mit Klarsichtfolie ausgekleidete Form füllen und glatt streichen.

*3* Kokosöl im nicht zu warmen Wasserbad flüssig werden lassen. Zitronenschale dazureiben.

*4* Zitrone großzügig schälen, Fruchtfleisch aus den Trennhäutchen lösen und entkernen, zum Kokosöl geben. Cashewnüsse und Dicksaft ebenfalls dazugeben, pürieren.

*5* Zwei Drittel der Cashewmasse auf den Tortenboden verteilen. Mindestens 1 Stunde tiefkühlen. Restliche Cashewmasse mit den Erdbeeren nochmals pürieren. Auf die gefestigte Torte verteilen.

*6* Zitronen-Erdbeer-Cheesecake in den Tiefkühler stellen. 30 Minuten vor dem Servieren herausnehmen. Garnieren.

*Abbildung* unten



oben:
**Orangen-Cheesecake**, Seite 86

# Orangen-Cheesecake

*für eine runde Form von 22 cm Durchmesser*

1 Portion «Tortenboden», Seite 25

2 Bio-Orangen
150 g Cashewnüsse
4 EL Kokosmus oder geschmolzene Kakaobutter (gibt eine festere Konsistenz)
3–4 EL Dicksaft

*Garnitur*

Kokosraspel
abgeriebene Orangenschale

1 Cashewnüsse 3 bis 4 Stunden in Wasser einweichen.

2 Tortenbodenmasse in die mit Klarsichtfolie ausgekleidete Form füllen und glatt streichen.

3 Orangenschale abreiben, für die Garnitur beiseite stellen. Früchte großzügig schälen, auch die weiße Haut entfernen, Fruchtfleisch aus den Trennhäutchen schneiden, Kerne entfernen.

4 Orangenfruchtfleisch, Cashewnüsse, Kokosmus und Dicksaft pürieren. Auf den Tortenboden verteilen. Mindestens 1 Stunde tiefkühlen. 30 Minuten vor dem Servieren aus dem Tiefkühler nehmen. Garnieren.

*Abbildung* Seite 85 oben

# Linzertorte

*für eine runde Form von 14 cm Durchmesser*

### Teig

- 1 reife Banane
- 100 g gemahlene Haselnüsse
- 20 g gemahlene Leinsamen

### Füllung

- 180 g Fruchtpüree oder Konfitüre, Seite 28

1 Banane pürieren. Haselnüsse und Leinsamen unterrühren.

2 Drei Viertel des Bananenteigs in der Form glatt streichen. Restlichen Bananenteig flach ausrollen und in Streifen schneiden. Beides im Backofen bei 50 °C oder im Dehydrator 5 Stunden trocknen lassen.

3 Fruchtpüree auf dem Bananentortenboden verteilen. Streifen darüberlegen.

# Schokoladentorte

### für eine runde Form von 22 cm Durchmesser

1 Portion «Tortenboden», Seite 25

250 g Zucchini
200 g Cashewnüsse
5 EL Kakaopulver
8 EL Dicksaft
5 EL Kokosöl oder flüssige Kakaobutter (gibt eine festere Konsistenz)
½ Vanilleschote

### Schokosauce

2 EL Kokosöl
1 EL Dicksaft
1 EL Kakaopulver

Kakaonibs, Schokostreusel oder Kakaopulver, für die Garnitur

1 Cashewnüsse 3 bis 4 Stunden in Wasser einweichen.

2 Tortenbodenmasse in die mit Klarsichtfolie ausgekleidete Form füllen und glatt streichen.

3 Zucchini schälen und in Stücke schneiden.

4 Kokosöl im nicht zu warmen Wasserbad flüssig werden lassen.

5 Zucchini, Cashewnüsse, Kakaopulver, Dicksaft, Kokosöl und abgestreiftes Vanillemark pürieren. Auf den Tortenboden verteilen. Mindestens 1 Stunde tiefkühlen.

6 Schokoladentorte 30 Minuten vor dem Servieren aus dem Tiefkühler nehmen.

7 Für die Schokosauce Kokosöl im nicht zu warmen Wasserbad flüssig werden lassen. Dicksaft und Kakaopulver unterrühren und über die Torte gießen. Garnieren.

# Lemoncurd-Törtchen

### für 3 Stück

1 Portion «Tortenboden», Seite 25

### Lemoncurd

50 g Cashewnüsse

½ unbehandelte Zitrone, abgeriebene Schale und Saft

2 EL Kokosmus

1–2 EL Dicksaft

1 dl/100 ml Wasser

½ TL Kurkuma

Saisonbeeren, für die Garnitur

1 Tortenbodenmasse in drei Portionen teilen und in 3 mit Klarsichtfolie ausgekleidete Förmchen drücken.

2 Zutaten für die Lemoncurd pürieren und auf die Förmchen verteilen. Eventuell 30 Minuten in den Kühlschrank stellen.

3 Törtchen vor dem Servieren mit Beeren garnieren.

# Engadiner Nusstorte

*für eine Form von 22 cm Durchmesser*

## Teig

300 g Macadamia- oder Cashewnüsse

50 g Buchweizen

4–6 EL Dicksaft

## Füllung

200 g Dattelpüree, Seite 14

80 g Baum-/Walnüsse, grob gehackt

1 Buchweizen 1 Stunde im Wasser einweichen. Abgießen. Buchweizen kalt abspülen und pürieren.

2 Macadamianüsse so fein wie möglich mahlen, bevor das Öl austritt. Buchweizenpüree und Dicksaft unterrühren. Von Hand zu einem Teig kneten.

3 Ein wenig Teig für die Garnitur beiseite legen. Etwa zwei Drittel des Teigs zwischen Klarsichtfolien auf Formgröße ausrollen, in die Form stürzen. Restlichen Teig für den Deckel zwischen Klarsichtfolien rund ausrollen, auf ein Blech stürzen. Teig für die Garnitur ebenfalls ausrollen und auf ein Blech legen.

4 Teigboden und -deckel sowie Garnitur im Backofen bei 50 °C oder im Dehydrator 15 Stunden trocknen.

5 Dattelpüree und gehackte Baumnüsse auf dem Tortenboden verteilen, Deckel darauflegen.

# Exotische Rüeblitorte

*für eine Ringform von 16 cm Durchmesser*

### Torte

- 150 g Rüebli/Karotten
- ½ Mango
- 50 g Nüsse
- 50 g Sonnenblumenkerne
- 50 g Hirse- oder Haferflocken
- 4 EL Dattelpüree, Seite 14

### Frosting

- ½ Mango
- 2 EL Kokosmus

*1* Rüebli schälen und zerkleinern. Mango schälen, halbieren und Stein entfernen.

*2* Alle Zutaten für die Torte pürieren. Die Hälfte der Masse in eine mit Klarsichtfolie ausgekleidete Schüssel füllen. In den Tiefkühler stellen.

*3* Für das Frosting Mango und Kokosmus pürieren, ein Drittel auf die Rüeblimasse verteilen. Etwa 1 Stunde tiefkühlen. Restliche Rüeblimasse darüber verteilen. Rüeblitorte wieder in den Tiefkühler stellen.

*4* Rüeblitorte aus dem Tiefkühler nehmen und auf eine Platte stürzen. Mit restlichem Frosting überziehen, 20 Minuten kühl stellen.

# Fruchtexplosion

*für eine runde Form von 16 cm Durchmesser*

*Teig*

100 g Dörraprikosen

100 g gemahlene Nüsse

150 g Kokosraspel

*Frosting*

150 g Kokosmus

1 dl/100 ml Fruchtsaft

Dörraprikosen, für die Garnitur

*1* Dörraprikosen 1 Stunde in warmem Wasser einweichen, abgießen und Einweichwasser auffangen. Aprikosen mit wenig Einweichwasser zu einem dicken Püree mixen.

*2* Aprikosenpüree, Nüsse und Kokosraspel glatt rühren, zu einem Teig kneten. Wenn der Teig zu trocken ist, noch ein wenig Einweichwasser von den Aprikosen einkneten. In die Form füllen und glatt streichen.

*3* Für das Frosting Kokosmus erwärmen, Fruchtsaft unterrühren, über die Torte verteilen. Für die Garnitur Dörraprikosen in Streifen schneiden, auf die Torte legen.

*4* Torte frisch genießen oder tiefkühlen.

*Tipp* Diese Torte eignet sich gut zum Mitnehmen.

# Bananensplit-Torte

### für eine Form von 16 cm Durchmesser

2 Portionen «Tortenboden», Seite 25

2 Bananen

### Schokocreme

1 Avocado

50 g getrocknete Feigen

4 EL Kakao- oder Carobpulver

4 EL Kokosöl

1 dl/100 ml Wasser

### Garnitur

Bananenscheiben oder Baum-/Walnüsse

1 Tortenbodenmasse in die Form drücken.

2 Bananen in Scheiben schneiden und gleichmäßig auf den Tortenboden verteilen.

3 Avocado halbieren, Stein entfernen, Fruchtfleisch aus der Schale lösen. Stielansatz der Feigen abschneiden, Früchte zerkleinern. Avocado, Feigen, Kakaopulver und Kokosöl unter Zugabe des Wassers (maximal 1 dl/100 ml) in kleinen Portionen zu einer cremigen Masse mixen. Schokocreme auf den Bananen verteilen.

4 Torte in den Tiefkühler stellen.

5 Bananensplit-Torte vor dem Servieren mit Baumnüssen oder Bananenscheiben garnieren. Damit sie sich nicht zu schnell braun verfärben, mit ein wenig Zitronensaft beträufeln.

# Eiskalte Erfris

chungen

# 1-Minuten-Eis

*für 1 Portion*

1 Banane

Kakao- oder Carobpulver

*Garnitur*

Samen, Nüsse, Kakaonibs

Eis gelingt auch ohne Eismaschine. Cremige Sorten wie Vanille- oder Schokoeis kann man gut mit gefrorenen Bananen zubereiten.

1 Je Portion eine Banane in Scheiben schneiden, mindestens 6 Stunden tiefkühlen. Unmittelbar vor dem Genuss fein mixen. Nach Belieben Kakao- oder Carobpulver dazugeben.

2 Mit Samen, Nüssen, Kakaonibs usw. garnieren.

*Tipp* Ich füge der Bananen vor dem Mixen jeweils 1 EL Kokosmus bei.

*Variante* Für ein Fruchteis Steinobst halbieren, Stein und Stielansatz entfernen, Hälften zerkleinern. Kernobst schälen, vierteln und entkernen, Fruchtviertel zerkleinern und mindestens 12 Stunden tiefkühlen. Früchte nach Belieben mit wenig Dicksaft pürieren. Fertig ist das 1-Minuten-Eis!

# Fruchteis

Früchte, nach Belieben

1 Für ein erfrischendes Fruchteis einfach einen Smoothie mit den Lieblingsfrüchten mixen und in Eislutscherförmchen füllen.

2 Eislutscher mindestens 12 Stunden tiefkühlen.

*Tipp* Das ist eine gute Verwertung von einer zu großen Portion Smoothie.

# Gianduja-Eis mit Karamellsauce

*für 4 Portionen*

*Eis*

2 dl/200 ml Haselnussmilch, Seite 20

3 EL Chiasamen

2 EL Kakao- oder Carobpulver

5–7 EL Dattelpüree oder Dicksaft

3 EL Haselnusstrester, Seite 21

½ TL Vanillepulver

*Karamellsauce*

30 g Kokosblütenzucker

2 EL Kokosöl

2 EL Wasser

1 Chiasamen in ½ dl/50 ml Wasser 1 Stunde quellen lassen, 2 bis 3 Mal rühren. Man bekommt eine gelähnliche Masse.

2 Alle Zutaten für das Gianduja-Eis pürieren, in die laufende Eismaschine gießen, gefrieren lassen. Eis in Vorratsdose füllen und tiefkühlen.

3 Für die Karamellsauce die Zutaten unter Rühren im Wasserbad 2 bis 3 Minuten erwärmen (Kokosöl hat einen tiefen Schmelzpunkt). Es kann deshalb nicht vermieden werden, dass der Karamell einige Zuckerkristalle enthält, was aber nicht stört.

4 Gianduja-Eis mit Eisportionierer portionieren, anrichten, mit der Karamellsauce beträufeln.

# Stracciatella-Eis

*für 2 Portionen*

150 g Cashewnüsse

3 dl/300 ml Wasser

4 EL Dicksaft

1 Msp Vanillepulver

20 g Schokolade, Seiten 22–24, gehackt

1 Cashewnüsse mindestens 1 Stunde im Wasser einweichen.

2 Cashewnüsse, Wasser, Dicksaft und Vanillepulver pürieren, in die Eismaschine geben. Nach 5 Minuten Schokolade zugeben, gefrieren lassen. In einer Vorratsdose in den Tiefkühler stellen.

# Apfel-Chai-Eis

*für 2 Portionen*

**4 Äpfel**

**1 Banane**

**Chai-Gewürze: Zimt, Kardamom, Ingwer, Pfeffer, Muskat**

1 Äpfel mit der Schale vierteln und entkernen. Banane in Scheiben schneiden.

2 Früchte mindestens 12 Stunden tiefkühlen.

3 Vor dem Einfüllen in das Cornet Früchte mit Gewürzen pürieren.

*Abbildung* oben

# Cornets

*für 2 Stück*

**2 Bananen**

**Apfel-Chai-Eis, siehe oben**

**gehackte Pistazien**

1 Auf Backpapier zwei Rondellen von 20 cm Durchmesser zeichnen. Bananen pürieren, Püree auf Rondellen verstreichen. 6 Stunden trocknen lassen. Die Rondellen müssen trocken, aber noch weich genug sein, dass sie gerollt werden können. Zu Cornets rollen, eventuell mit einer Klammer fixieren. Weitere 3 Stunden trocknen lassen.

2 Apfel-Chai-Eis mit einem Eisportionierer portionieren, in die Cornets füllen, mit Pistazien bestreuen.

*Abbildung*

# Schoko-Vanille-Eistorte

*für eine kleine Cakeform*

**Schokoladeneis**

- 150 g Cashewnüsse
- 1 reife Avocado
- 4 EL Kakaopulver
- 4 EL Dicksaft oder 1 Banane
- 1/2 Vanilleschote, abgestreites Mark
- 1 dl/100 ml Nussmilch, Seite 20

**Vanilleeis**

- 1 dl/100 ml Nussmilch, Seite 20
- 3 EL Kokosmus
- 3 EL Mandelmus
- 2 EL Dicksaft
- 1/2 Vanilleschote, abgestreiftes Mark
- 2 EL Kokosmus

1 Cashewnüsse 3 bis 4 Stunden im Wasser einweichen, abgießen. Avocado halbieren, Stein entfernen, Fruchtfleisch mit einem Löffel aus der Schale lösen.

2 Alle Zutaten für das Schokoladeneis pürieren. Die Hälfte in die mit Klarsicht ausgelegte Form füllen und glatt streichen. Tiefkühlen.

3 Für das Vanilleeis alle Zutaten mixen. Auf das Schokoladeneis verteilen. Tiefkühlen.

4 Restliche Schokoladencreme auf dem Vanilleeis verteilen. Tiefkühlen.

5 Eistorte 15 Minuten vor dem Essen aus dem Tiefkühler nehmen und aus der Form stürzen.

# Register